AF130159

Ciao ragazzo, ciao ragazza,

in Forza! 1 Italienisch Grammatik kompakt 1. und 2. Lernjahr kannst du schnell und einfach die wichtigste Grammatik der ersten beiden Lernjahre nachschlagen und nachlesen. Es eignet sich bestens für unterwegs und für die Schule.
Buon lavoro!

Verena Lechner

Indice
Inhaltsverzeichnis

La pronuncia
Die Aussprache

Das italienische Alphabet besteht aus 21 Buchstaben:

a (a) b (bi) c (tschi)	d (di) e (e) f (effe)	g (dschi) h (acca) i (i)	l (elle) m (emme) n (enne)	o (o) p (pi) q (cu)	r (erre) s (esse) t (ti)	u (u) v (vi/vu) z (zeta)

Zusätzlich gibt es 5 Buchstaben die in Fremdwörtern vorkommen:

j (i lunga)   x (ics)

k (cappa)   y (ipsilon/i greca)

w (doppia vu/vu doppia)

		Aussprache	Beispiele
c ci	vor e, i vor a, o, u	wie Quatsch	certo, città cioccolata
c ch	vor a, o, u vor e, i	wie Kilo	vacanza, antico chiaro
g gi	vor e, i vor a, o, u	wie Dschungel	gita, gelato giorno
g gh	vor a, o, u vor e, i	wie Gabel	fungo, gara ghiaccio
gl		lj wie Million	famiglia
gn		nj wie Kognak	bisogna
h		h ist stumm	hotel
qu		wie Kuba	questo, acqua
r		gerollt	radio, roba
sc sch	vor a, o, u vor e, i	wie Skript	scala, scarpa scherzo
sc sci	vor e, i vor a, o, u	wie Schaf	schelta sciare, sciopero
v		wie Vase	villa, vino

L'articolo
Der Artikel

L'articolo determinativo – Der bestimmte Artikel

	Singular	**Plural**
männlich	il libro	i libri
	l'amico	gli amici
	lo studente	gli studenti
weiblich	la casa	le case
	l'amica	le amiche

Die männlichen Artikel im Singular lauten *il, l', lo.*

L' wird verwendet, wenn das Hauptwort mit Vokal (a,e,i,o,u) beginnt:

l'amico, l'uomo.

Lo verwendet man, wenn das Hauptwort mit **s+Konsonant (st, sp,...), gn, y, ps** oder **z** beginnt:

lo zio, lo studente, lo yogurt.

Il wird im Plural zu *i*; *l'* und *lo* werden zu *gli*.

Die weiblichen Artikel im Singular lauten *la* und *l'*.

L' wird verwendet, wenn das Hauptwort mit Vokal beginnt: *l'amica, l'aranciata.*

Im Plural werden beide zu *le*.

L'articolo indeterminativo – Der unbestimmte Artikel

	Singular	Plural
männlich	un libro	dei libri
	uno studente	degli studenti
weiblich	una casa	delle case
	un'amica	delle amiche

Die männlichen unbestimmten Artikel lauten **un** bzw. **uno.**
Uno wird, wie der bestimmte Artikel lo, vor Hauptwörtern verwendet die mit
s+Konsonant, gn, y, ps oder **z** beginnen: uno studente, uno yogurt.

Die weiblichen unbestimmten Artikel lauten **una** bzw. **un'.**
Un' wird vor weiblichen Hauptwörtern verwendet die mit **Vokal** beginnen:
un'amica.

In der Mehrzahl wird un zu dei; uno wird zu degli; una und un' werden zu delle.

Dei, degli und delle werden ins Deutsche entweder mit ‚einige' oder ‚etwas'
übersetzt, oder das Hauptwort wird ohne Artikel verwendet: (siehe auch
Teilungsartikel)
delle amiche = einige Freundinnen oder Freundinnen
degli amici = einige Freunde oder Freunde

Attenzione!
Un' (sprich: un Apostroph) wird **nur** bei weiblichen Hauptwörtern die mit Vokal
beginnen verwendet: un'amica.
Beginnt ein männliches Hauptwort mit einem Vokal verwendet man bei un keinen
Apostroph: un amico, un uomo.

L'articolo partitivo
Der Teilungsartikel

Ins Deutsche wird der italienische Teilungsartikel mit ‚etwas, ein bisschen von, einige' übersetzt oder er wird komplett weggelassen:

del sale – etwas Salz oder Salz

dei panini – einige Brötchen oder Brötchen

Beim Teilungsartikel verschmilzt die Präposition *di* mit dem **bestimmten Artikel**:

di+il	di+i	di+lo	di+gli	di+l'	di+la	di+le
del	dei	dello	degli	dell'	della	delle

Il sostantivo
Das Hauptwort

	Singular	Plural
männlich	il tavolo	i tavoli
	il padre	i padri
weiblich	la casa	le case
	la madre	le madri

Italienische Hauptwörter die im Singular auf *–o* enden sind in der Regel männlich: *il libro.*
Im Plural wird *–o* zu *–i: i libri.*
Hauptwörter die im Singular auf *–a* enden sind in der Regel weiblich: *la sorella.*
Im Plural wird *–a* zu *–e: le sorelle.*

Jene Hauptwörter die im Singular auf *–e* enden können sowohl männlich als auch weiblich sein: *il giornale, il padre, la lezione, la madre.*

Im Plural wird die Endung *–e* zu *–i*, egal ob das Hauptwort männlich oder weiblich ist: *i giornali, i padri, le lezioni, le madri.*

Endet ein Hauptwort auf *–io* fällt das *–o* in der Mehrzahl einfach weg:
il viaggio – i viaggi, l'esercizio – gli esercizi.
Ausnahme: *lo zio – gli zii.*

Ausnahmen
Es gibt auch einige männliche Hauptwörter die im Italienischen auf *–a* enden:
il probelma, il programma, il sistema,...
Den Plural bilden sie jedoch wieder regelmäßig auf *–i*:
i problemi, i programmi, i sistemi,...

Hauptwörter die auf *–ista* enden können sowohl männlich als auch weiblich sein:
il/la tassista, il/la dentista, l'/l'artista.

Den Plural bilden sie wieder regelmäßig, also männlich auf *–i*, weiblich auf *–e*:
i tassisti/le tassiste, i dentisti/le dentiste, gli artisti/le artiste.

Ein wichtiges Wort welches auf *–o* endet aber weiblich ist:
la mano – le mani (die Hand – die Hände).

Tipp:
Lerne zu den Hauptwörtern immer gleich den Artikel dazu. Somit weißt du auch bei Hauptwörtern mit der Endung *–e* bzw. bei den Ausnahmen sofort, ob diese den männlichen oder den weiblichen Artikel verlangen.

Besonderheiten bei der Pluralbildung

Im Italienischen enden die meisten Hauptwörter auf *–o, –a* oder *–e*.

Es gibt aber auch Hauptwörter mit besonderen Endungen:

Abkürzungen		Hauptwörter die auf Konsonant enden		Hauptwörter mit Akzent	
Singular	Plural	Singular	Plural	Singular	Plural
la foto	le foto	il camion	i camion	la città	le città
l'auto	le auto	la star	le star	l'università	le università
il cinema	i cinema	il film	i film	il papà	i papà
la bici	le bici	il bar	i bar	la nazionalità	le nazionalità
la moto	le moto	lo sport	gli sport	il caffè	i caffè

Bei abgekürzten Wörtern, wie *la foto* für *la fotografia* oder *la bici* für *la bicicletta*, wird die Endung im Plural nicht verändert. Man muss nur den Artikel in den Plural setzen.

Bei Hauptwörtern die auf Konsonant oder Akzent enden *(il camion, il film, la città,...)* wird ebenfalls nur der Artikel in den Plural gesetzt.

Folgende Wörter bilden **unregelmäßige** Pluralformen:
l'uomo – gli uomini (Männer; Menschen)
l'uovo – le uova (Eier)

Attenzione!
Bei einigen männlichen Hauptwörtern die auf *–co/–ga/–go* enden muss man vor der Pluralendung *–i* ein **h** einfügen um die Aussprache (wie in der Einzahl) zu erhalten:
il tedesco – i tedeschi, il collega – i colleghi, il fungo – i funghi.
Ausnahme: *l'amico – gli amici.*

Bei weiblichen Substantiven auf *–ca/–ga* muss man immer ein **h** einfügen:
l'amica – le amiche.

L'aggettivo
Das Adjektiv

	Singular	Plural
männlich	un libro caro	dei libri cari
	un libro interessante	dei libri interessanti
weiblich	una casa cara	delle case care
	una storia interessante	delle storie interessanti

Adjektive richten sich in Zahl und Geschlecht immer nach dem Hauptwort, auf das sie sich beziehen: *degli studenti bravi, delle macchine care.*

Bei der Pluralbildung verhalten sich Adjektive wie Hauptwörter. Die Endung *–o* wird im Plural zu *–i*, die Endung *–a* wird im Plural zu *–e*.

Die Endung *–e* wird im Plural zu *–i*, auch wenn das Hauptwort weiblich ist: *una casa grande – delle case grandi.*

Attenzione!

Bei Adjektiven die auf *–co/–go* bzw. *–ca/–ga* enden, muss man in der Endung ein *h* einfügen:

lungo – lunghi; lunga – lunghe

tedesco – tedeschi; tedesca – tedesche

Ausnahmen: *austriaci, simpatici.*

La posizione dell'aggettivo – Die Stellung des Adjektivs

Adjektive können im Italienischen sowohl vor als auch nach dem Hauptwort stehen: *un esercizio difficile, buone maniere.*

Kurze Adjektive, vor allem *buono, grande, bravo, bello*, stehen häufig vor dem Hauptwort: *una grande città, un bravo ragazzo.*

Immer vorangestellt:
Possessivbegleiter: *il mio computer*
questo/quello: *questa ragazza, quelle ragazze*
molto/tanto/poco/troppo: *molti compiti, poche amiche*
Ordnungszahlen: *il primo maggio, la seconda macchina*

Immer nachgestellt:
Nationalitäten: *la donna italiana*
religiöse und politische Zugehörigkeit: *un prete cattolico, un partito socialisto*
Farben: *la gonna rossa*
mehrere Adjektive: *una macchina grande e veloce*
durch molto verstärkt: *una ragazza molto simpatica*

Attenzione!
Folgende Farbadjektive sind unveränderlich: *beige, blu, turchese, rosa, viola, lilla.*

Bedeutungsunterschied bei Voran- oder Nachstellung

Bei einigen Adjektiven kommt es zu einem Bedeutungsunterschied jenachdem, ob sie voran- oder nachgestellt werden:

una donna vecchia (eine alte, betagte Frau)	una vecchia amica (eine langjährige Freundin)
un ragazzo povero (ein bedürftiger Junge)	un povero ragazzo (ein bedauernswerter Junge)
una macchina cara (ein teures Auto)	una cara amica (eine liebe Freundin)
una notizia certa (eine sichere Nachricht)	una certa signora (eine gewisse Frau)
una borsa nuova (eine neue, neuwertige Tasche)	un nuovo vicino (ein neuer Nachbar)
un edificio grande (ein großes Gebäude)	un grande cantante (ein bekannter Sänger)
una bambina sola (ein einsames Mädchen)	una sola bambina (ein einziges Mädchen)
una torta dolce (eine süße Torte)	un dolce sentimento (ein angenehmes Gefühl)

Tipp:
Wenn das Adjektiv nachgestellt wird hat es meist seine wörtliche Bedeutung; bei Voranstellung hat es eine übertragene Bedeutung.

Bello und *quello* haben, wenn sie vor einem Hauptwort stehen, eigene Formen (vergleiche mit dem Teilungsartikel):

bel	bei	bello	begli	bell'	bella	belle
quel	quei	quello	quegli	quell'	quella	quelle

Steht **bello** nach einem Hauptwort, dann behält es seine volle Form, wird aber natürlich übereingestimmt: *un ragazzo bello, una ragazza bella; dei ragazzi belli, delle ragazze belle.*

Questo besteht aus vier Formen und bezieht sich auf Sachen, die sich in der Nähe des Sprechers befinden (diese/r/s):

questo libro   questa casa

questi libri   queste case

Quello bezieht sich auf Sachen die sich weiter vom Sprecher entfernt befinden (jene/r/s).

Steht *quello* nicht unmittelbar vor einem Hauptwort hat es wie *questo* vier Formen:

Mangio questo panino. – Tu mangi quello.

Non mi piacciono questi tramezzini. – Quelli invece mi piacciono.

Compro queste scarpe. – Io invece compro quelle.

Mi piace questa casa. – Ti piace quella.

L'aggettivo possessivo
Das besitzanzeigende Pronomen

Singular	Singular	Plural	Plural
männlich	weiblich	männlich	weiblich
il mio libro	la mia casa	i miei libri	le mie case
il tuo libro	la tua casa	i tuoi libri	le tue case
il suo/Suo libro	la sua/Sua casa	i suoi/Suoi libri	le sue/Sue case
il nostro libro	la nostra casa	i nostri libri	le nostre case
il vostro libro	la vostra casa	i vostri libri	le vostre case
il loro libro	la loro casa	i loro libri	le loro case

Im Italienischen verwendet man die Possessivpronomen in Verbindung mit dem bestimmten Artikel. Das Possessivpronomen richtet sich in Zahl und Geschlecht nach dem Besitzgegenstand: *i suoi studenti, le tue cose.*

Das besitzanzeigende Pronomen in Verbindung mit Verwandtschaftsbezeichnungen

Bei Verwandtschaftsbezeichnungen im **Singular** wird kein Artikel verwendet:
mia madre, tuo padre, suo fratello, nostra sorella, vostro nonno.

Stehen die Verwandtschaftsbezeichnungen allerdings im **Plural** wird der Artikel wieder verwendet:
le mie sorelle, i tuoi fratelli, i suoi fratelli, le nostre sorelle, i vostri nonni.

Bei *loro* wird immer der bestimmte Artikel verwendet:
la loro madre, il loro fratello, le loro sorelle, i loro nonni.

Attenzione!
Verwendet man Koseformen, wie *mamma, papà, fratellino, sorellina,...* , wird ebenfalls der Artikel verwendet: *la mia mamma, il suo papà.*

Il verbo al presente
Das Verb im Präsens

I verbi regolari – Die regelmäßigen Verben

	parlare (sprechen)	prendere (nehmen)	dormire (schlafen)	finire (beenden)
io	parlo	prendo	dormo	finisco
tu	parli	prendi	dormi	finisci
lui/lei/Lei	parla	prende	dorme	finisce
noi	parliamo	prendiamo	dormiamo	finiamo
voi	parlate	prendete	dormite	finite
loro	parlano	prendono	dormono	finiscono

Die Subjektpronomen *io/tu/lui/lei/Lei/noi/voi/loro* werden in der Regel nicht verwendet.

Man verwendet sie nur, um die Person zu betonen:

Io parlo e non tu!

Bei den Verben auf *-ire* gibt es Verben mit Einschub.

Der Einschub *-isc-* tritt allerdings nicht in der 1. und 2. Person Plural auf.

Ebenso wie *finire: capire, pulire, costruire, preferire, restituire, spedire.*

Als Höflichkeitsform im Singular wird die 3. Person Singular verwendet.

Als Höflichkeitsform im Plural verwendet man die 2. Person Plural.

Attenzione!

Bei Verben die auf -*gare* oder -*care* enden muss man auf die Schreibweise in der 2. Person Singular und in der 1. Person Plural achten:

pagare: tu paghi – noi paghiamo

cercare: tu cerchi – noi cerchiamo

Bei diesen Verben wird ein *h* eingefügt um die Aussprache von g bzw. k zu erhalten.

Bei Verben wie *mangiare* oder *viaggiare* entfällt in der 2. Person Singular das zweite *i: mangi, viaggi.*

I verbi irregolari – Unregelmäßige Verben

essere	avere	andare	fare
(sein)	(haben)	(gehen, fahren)	(machen)
sono	ho	vado	faccio
sei	hai	vai	fai
è	ha	va	fa
siamo	abbiamo	andiamo	facciamo
siete	avete	andate	fate
sono	hanno	vanno	fanno

dare	bere	venire	tenere
(geben)	(trinken)	(kommen)	(halten)
do	bevo	vengo	tengo
dai	bevi	vieni	tieni
dà	beve	viene	tiene
diamo	beviamo	veniamo	teniamo
date	bevete	venite	tenete
danno	bevono	vengono	tengono

dire (sagen)	stare (bleiben)	uscire (ausgehen)	salire (einsteigen)
dico	sto	esco	salgo
dici	stai	esci	sali
dice	sta	esce	sale
diciamo	stiamo	usciamo	saliamo
dite	state	uscite	salite
dicono	stanno	escono	salgono

I verbi modali – Die Modalverben

potere (können)	dovere (müssen, sollen)	sapere (wissen)	volere (wollen)
posso	devo	so	voglio
puoi	devi	sai	vuoi
può	deve	sa	vuole
possiamo	dobbiamo	sappiamo	vogliamo
potete	dovete	sapete	volete
possono	devono	sanno	vogliono

Attenzione!

Sapere verwendet man, wenn man eine Sache gelernt hat:

So nuotare. (Ich kann schwimmen = Ich habe es gelernt.)

Potere verwendet man, wenn man gerade in der Lage ist etwas zu tun:

Posso nuotare perché c'è una piscina. (Ich kann schwimmen weil es da ein Schwimmbad gibt.)

I verbi riflessivi – Die rückbezüglichen Verben

	chiamarsi
io	mi chiamo
tu	ti chiami
lui/lei/Lei	si chiama
noi	ci chiamiamo
voi	vi chiamate
loro	si chiamano

Die rückbezüglichen Pronomen lauten im Italienischen: *mi/ti/si/ci/vi/si*.

Man erkennt ein rückbezügliches Verb daran, dass an den Infinitiv das Pronomen *si* angehängt ist: *chiamarsi, alzarsi, svegliarsi, vedersi,...*

Das Pronomen steht immer unmittelbar **vor** der konjugierten Verbform:

io mi lavo, tu ti lavi,...

Ist das Verb verneint steht *non* vor dem rückbezüglichen Pronomen:

non mi lavo, non ti lavi,...

Steht das rückbezügliche Verb in Verbindung mit einem Modalverb kann das Pronomen an den Infinitiv angehängt werden:

mi devo svegliare oder devo svegliarmi.

Esserci

Das Verb *esserci* hat in der 3. Person Singular die Form **c'è,** in der 3. Person Plural die Form **ci sono.** Ins Deutsche werden *c'è/ci sono* mit „da ist/es gibt" bzw. mit „da sind" übersetzt.

Folgt nach der Verbform ein Hauptwort im Singular verwendet man *c'è*. *Ci sono* verwendet man, wenn danach ein Hauptwort im Plural folgt.

Esserci oder *Essere*?

Will man ausdrücken ob etwas existiert oder vorhanden ist bzw. will man nach dem Vorhandensein einer Sache/einer Person fragen verwendet man *esserci*:

C'è una farmacia qui vicino? – Sì, c'è una farmacia.

Ci sono Paolo e Maria? – Sì, ci sono.

Esserci verwendet man auch immer dann, wenn der Satz mit einer Ortsergänzung bzw. mit einer Zeitergänzung beginnt:

Sul tavolo c'è un libro.

Nella camera ci sono dei vestiti.

Domani c'è un test.

Folgt die Ortsergänzung jedoch erst nach dem Verb verwendet man *essere*:

I bambini sono nella camera.

Beschreibt man eine Person oder eine Sache näher verwendet man ebenfalls *essere*:

Questo libro è molto interessante.

Piacere

Piacere übersetzt man ins Deutsche mit mögen/gefallen/schmecken.

Piacere wird immer in Verbindung **mit dem dritten Fall** verwendet:

Mi piace questa casa.

Le piace la frutta.

A Paolo piacciono gli spaghetti.

Steht die Form von *piacere* in Verbindung mit einem Hauptwort im Singular oder einem Verb verwendet man die 3. Person Singular:

Mi piace la borsa. / La borsa mi piace. (Die Tasche gefällt mir.)

Mi piace andare in piscina. (Ich gehe gerne ins Freibad.)

Steht die Form von *piacere* in Verbindung mit einem Hauptwort im Plural verwendet man die 3. Person Plural:

Mi piacciono molto gli gnocchi. / Gli gnocchi mi piacciono molto. (Die Gnocchi schmecken mir sehr.)

Attenzione!

Nach *piacere* verwendet man immer den bestimmten Artikel:

Mi piace la pasta., Ci piacciono i dolci.

Piacere nel passato prossimo – *Piacere* mit dem *passato prossimo*

Das *passato prossimo* von *piacere* wird immer mit **essere** gebildet.

Das Partizip wird dabei mit dem Subjekt übereingestimmt:

Mi è piaciuto il libro.

La borsa mi è piaciuta.

I film mi sono piaciuti.

Mi sono piaciute le case.

Stare + gerundio
Die Verlaufsform

Die Bildung des *gerundio*:

mangiare	mangiando
dormire	dormendo
prendere	prendendo

Die Infinitivendung *-are* wird zu *-ando; -ere* und *-ire* werden zu *-endo*.

Ausnahmen:

fare – facendo

dire – dicendo

bere – bevendo

Stare + gerundio verwendet man für Vorgänge die im Moment des Sprechens stattfinden:

Sto mangiando. – Ich esse gerade.

Luigi sta facendo i suoi compiti. – Luigi macht gerade seine Hausübungen.

Pronomen können vor der Form von *stare* stehen oder sie werden an die *gerundio*-Form angehängt:

Mi sto lavando. / Sto lavandomi.

Ist der Satz verneint steht *non* vor der Form von *stare*:

Non sta lavando i piatti.

Non sto lavandomi le mani. (oder auch: Non mi sto lavando le mani.)

Si impersonale
Das unpersönliche man

Bei **transitiven** Verben (Verben mit direktem Objekt) richtet sich das Verb nach dem Objekt.

Bei einem Objekt im Singular steht das Verb in der 3. Person Singular:

Si mangia una mela. – Man isst einen Apfel.

Bei einem Objekt im Plural steht das Verb in der 3. Person Plural:

Si mangiano degli spaghetti. – Man isst Spaghetti.

Bei **intransitiven** Verben (Verben ohne direktes Objekt) steht das Verb in der 3. Person Singular:

Si va al supermercato. – Man geht in den Supermarkt.

Si beve molto. – Man trinkt viel.

In Verbindung mit einem rückbezüglichen Verb entsteht die Verbindung *ci si*:

Ci si rilassa. – Man erholt sich.

Non ci si diverte. – Man amüsiert sich nicht.

Adjektive stehen nach einem *si impersonale* immer in der **männlichen** Mehrzahl:

Si è tristi. – Man ist traurig.

Si è sicuri. – Man ist sicher.

Die Verneinung *non* steht vor *si*:

Non si guardano le foto. – Man schaut die Fotos nicht an.

Non si mangia niente. – Man isst nichts.

Il passato prossimo
Die Vergangenheit

Il passato prossimo con avere – Das *passato prossimo* mit *avere*

		mangiare	dormire	avere
io	ho	mangiato	dormito	avuto
tu	hai	mangiato	dormito	avuto
lui/lei/Lei	ha	mangiato	dormito	avuto
noi	abbiamo	mangiato	dormito	avuto
voi	avete	mangiato	dormito	avuto
loro	hanno	mangiato	dormito	avuto

Das *passato prossimo* ist eine zusammengesetzte Zeit. Es besteht aus der konjugierten Form des Hilfsverbs *avere* und dem Partizip des jeweiligen Verbs: *mangiare – ho mangiato.*

Verben auf -*are* bilden das Partizip auf -*ato*, Verben auf -*ire* auf -*ito* und Verben auf -*ere* auf -*uto*.
Es gibt aber auch Verben die das Partizip unregelmäßig bilden (siehe unregelmäßige Partizipien).

Ist die Verbform verneint steht das *non* immer vor dem Hilfsverb:
Non ho dormito bene.

Participi irregolari – Unregelmäßige Partizipien

accendere	acceso	offrire	offerto
accorgere	accorto	piangere	pianto
apparire	apperso	perdere	perso
aprire	aperto	prendere	preso
bere	bevuto	rendere	reso
chiedere	chiesto	ridere	riso
chiudere	chiuso	rimanere	rimasto
cogliere	colto	rispondere	risposto
concludere	concluso	rompere	rotto
coprire	coperto	scendere	sceso
corregere	corretto	scoprire	scoperto
correre	corso	scrivere	scritto
decidere	deciso	spegnere	spento
deludere	deluso	spendere	speso
dire	detto	sorridere	sorriso
discutere	discusso	succedere	successo
esprimere	espresso	togliere	tolto
essere	stato	tradurre	tradotto
fare	fatto	vedere	visto
leggere	letto	venire	venuto
mettere	messo	vincere	vinto
morire	morto	vivere	vissuto
muovere	mosso		
nascere	nato		

Il passato prossimo con essere – Das *passato prossimo* mit *essere*

Bildet man das *passato prossimo* mit *essere* muss man das Partizip wie ein Adjektiv mit dem Subjekt übereinstimmen:

Paolo è andato. – Laura è andata.

Stefano e Carlo sono andati. – Maria e Giulia sono andate.

Attenzione!

Sobald auch nur ein Mitglied einer Gruppe männlich ist wird mit der männlichen Form übereingestimmt: *Due donne e un uomo sono andati al cinema.*

I verbi riflessivi nel passato prossimo – Die rückbezüglichen Verben im *passato prossimo*

Die rückbezüglichen Verben bilden das *passato prossimo* immer mit *essere*, das Partizip muss dabei mit dem Subjekt übereingestimmt werden:

Giovanni si è addormentato presto.

Laura si è addormentata presto.

Das rückbezügliche Pronomen steht vor dem Hilfsverb. Ist das Verb verneint steht das *non* vor dem Pronomen: *Giovanni non si è addormentato presto.*

L'imperativo
Die Befehlsform

	parlare	prendere	dormire
tu	parla!	prendi!	dormi!
Lei	parli!	prenda!	dorma!
noi	parliamo!	prendiamo!	dormiamo!
voi	parlate!	prendete!	dormite!
Loro	parlino!	prendano!	dormano!

Bei den Verben auf -are haben die Imperativformen in der 2. Person Singular die Endung -a.
Die Imperativform der 3. Person Singular (Höflichkeitsform) endet auf -i.
Die Imperativform der 3. Person Plural endet auf -ino.

Bei den Verben auf -ere und -ire endet die Höflichkeitsform auf -a.
Die Imperativform der 3. Person Plural endet auf -ano.

Verben mit besonderen Imperativformen

essere	avere	andare	stare	fare
sii!	abbi!	va'/vai!	sta'/stai!	fa'/fai!
sia!	abbia!	vada!	stia!	faccia!
siamo!	abbiamo!	andiamo!	stiamo!	facciamo!
siate!	abbiate!	andate!	state!	fate!
siano!	abbiano!	vadano!	stiano!	facciano!

dare	venire	tenere	dire	uscire
da'/dai!	vieni!	tieni!	di'!	esci!
dia!	venga!	tenga!	dica!	esca!
diamo!	veniamo!	teniamo!	diciamo!	usciamo!
date!	venite!	tenete!	dite!	uscite!
diano!	vengano!	tengano!	dicano!	escano!

bere	rimanere	salire	sapere	scegliere
bevi!	rimani!	sali!	sappi!	scegli!
beva!	rimanga!	salga!	sappia!	scelga!
beviamo!	rimaniamo!	saliamo!	sappiamo!	scegliamo!
bevete!	rimanete!	salite!	sappiate!	scegliete!
bevano!	rimangano!	salgano!	sappiano!	scelgano!

Verneinung des Imperativs

Die Verneinung des Imperativs wird in der 2. Person Singular mit *non* + **Infinitiv** gebildet:

Non mangiare la pizza! – Iss die Pizza nicht!
Non bere il caffè! – Trink den Kaffee nicht!

Bei allen anderen Personen *(Lei, noi, voi, loro)* wird die Verneinung durch Voranstellen von *non* gebildet: *Non parli!, Non andiamo!*

Pronomen in Verbindung mit dem Imperativ

Bei den Imperativformen für *tu/noi/voi* werden die Pronomen an den Imperativ **angehängt**: *Mangiala!, Riposiamoci!, Compratelo!*

Dasselbe gilt, wenn der Imperativ verneint ist.
Non prendiamolo!, Non compratelo!

Bei der 2. Person Singular hängt man das Pronomen an den Infinitiv:

Non mangiarla!

Bei den Höflichkeitsformen werden die Pronomen vor den Imperativ gestellt:

Lo prenda! – Non lo prenda!

Lo prendano! – Non lo prendano!

Attenzione!

Wird an die Imperativformen *va', sta', fa', da', di'* ein Pronomen angehängt verdoppelt sich der Konsonant des Pronomens (ausser bei *gli*):

vacci!, fallo!   Aber: *Digli la verità!*

L'avverbio
Das Adverb

La formazione dell'avverbio – Die Bildung des Adverbs

Adverben werden gebildet indem man an die weibliche Form des Adjektivs ein – mente anhängt:

vero – vera – veramente

Bei Adjektiven die auf *–e* enden wird *–mente* unmittelbar angehängt:

elegante – elegantemente

Bei Adjektiven die auf *–le* oder *–re* enden entfällt das *–e*:

speciale – specialmente
regolare – regolarmente

Ausnahmen

buono – bene
cattivo – male

Folgende Adverben stellen ebenfalls **Ausnahmen** dar:
chiaro, basso, alto, forte, presto, piano.
Bei diesen Formen ist das Adverb die männliche Form des Adjektivs.

Umschreibung mit *in modo…/in maniera…*

Die Umschreibung ist dann notwendig, wenn das Adverb mit *–mente* eine eigene Bedeutung hat:

normalmente – normalerweise; in maniera normale – auf normale Art

L'uso dell'avverbio – Der Gebrauch des Adverbs

Ein Adjektiv beschreibt ein **Hauptwort** oder das **Subjekt** eines Satzes näher:
un libro interessante; Maria è bella.

Ein Adverb beschreibt ein **Verb**, ein **Adjektiv** oder ein weiteres **Adverb** näher:
Verb: Maria canta bene.
Adjektiv: Questo libro è molto interessante.
Adverb: Maria canta molto bene.

Die Steigerung des Adverbs wird wie beim Adjektiv mit *più* bzw. *meno* gebildet:
La mia mamma si veste più elegantemente di me.

Attenzione!
Adjektive werden immer mit dem Hauptwort übereingestimmt, Adverben sind
unveränderlich!

Molto/Tanto/Troppo/Poco

Molto, tanto, troppo und *poco* können sowohl Adjektiv als auch Adverb sein.

Werden sie als Adjektive gebraucht, so richten sie sich in Zahl und Geschlecht nach dem Hauptwort auf das sie sich beziehen:

Ho molti/tanti libri.

Ha poche amiche.

Als Adverb verwendet werden sie nicht übereingestimmt:

Ho studiato molto/tanto.

Hai mangiato troppo.

Tipp:

Folgt nach *molto/tanto/troppo/poco* ein Hauptwort wird immer übereingestimmt!

I pronomi
Die Pronomen

I pronomi personali – Die Subjektpronomen

Die Subjektpronomen im Italienischen lauten.

io	ich	noi	wir
tu	du	voi	ihr
lui/lei/Lei	er/sie/Sie	loro	sie

Im Italienischen erkennen wir durch die Verform um welche Person es sich
handelt:

mangio – mangi – mangia...

Die Subjektpronomen werden nur verwendet um die Person zu betonen:

Io mangio questa mela e non tu.

I pronomi diretti – Die direkten Objektpronomen

mi	ci
ti	vi
lo/la	li/le

Die direkten Objektpronomen ersetzen ein Objekt im **4. Fall.**

Lo ersetzt ein männliches Objekt im Singular, *la* ein weibliches Objekt im Singular:

Compro il pane. – Lo compro.

Compro la macchina. – La compro.

Li ersetzt ein männliches Objekt im Plural, *le* ersetzt ein weibliches Objekt im Plural:

Mangio i tramezzini. – Li mangio.

Compro le scarpe. – Le compro.

Direkte Objektpronomen stehen immer unmittelbar vor dem konjugierten Verb. *Non* steht vor dem Pronomen: *Lo bevo. – Non lo bevo.*

Folgt nach dem konjugierten Verb ein Infinitiv kann das Pronomen an den Infinitiv angehängt werden:

Lo posso fare. – Posso farlo.

Li voglio comprare. – Voglio comprarli.

Vor einem Vokal oder stummem h werden *lo* und *la* apostrophiert:

Amo Maria. – L'amo.

Amo Paolo. – L'amo.

I pronomi indiretti – Die indirekten Objektpronomen

mi	ci
ti	vi
gli/le	gli (bzw. loro)

Die indirekten Objektpronomen ersetzen ein Objekt im **3. Fall.**

Objekte im 3. Fall werden immer mit der Präposition *a* an das Verb angeschlossen:

Telefono a Maria.

Gli ersetzt ein männliches Objekt, *le* ein weibliches Objekt:

Telefono al nonno. – Gli telefono.

Telefono alla nonna. – Le telefono.

Gli (bzw. *loro*) ersetzt männliche und weibliche Objekte im Plural:

Telefono ai fratelli. – Gli telefono.

Telefono alle sorelle. – Gli telefono.

Indirekte Objektpronomen stehen immer unmittelbar vor dem konjugierten Verb. *Non* steht vor dem Pronomen: *Non gli telefono.*

Folgt nach dem konjugierten Verb ein Infinitiv kann das Pronomen an den Infinitiv angehängt werden:

Gli devo telefonare. – Devo telefonargli.

Non le voglio telefonare. – Non voglio telefonarle.

Einige wichtige Verben die den 3. Fall verlangen:

telefonare a qn

offrire qc a qn

parlare a qn

piacere a qn

dare qc a qn

spiegare qc a qn

chiedere qc a qn

dire qc a qn

regalare qc a qn

scrivere qc a qn

Le particelle ci e ne – Die Partikeln *ci* und *ne*

Ci ersetzt Ortsergänzungen mit *da, a, in:*
Vado a Firenze. – Ci vado.
Paolo va dal giornalaio. – Paolo ci va.

Auch bei Verben welche die Präposition *a* verlangen kann man Ergänzungen mit *ci* ersetzen:
Penso a mettere in ordine la camera. – Ci penso.

Ne ersetzt Ergänzungen mit *di* und den Teilungsartikel bzw. Mengenangaben:
Sono fiero del risultato. – Ne sono fiero.
Compro due chili di pomodori. – Ne compro due chili.

Attenzione!
Verwendet man *ne* in Verbindung mit dem *passato prossimo* muss man das Partizip übereinstimmen:
Ho comprato due gonne. – Ne ho comprate due.

Ci und *ne* stehen wie alle Pronomen unmittelbar vor dem konjugierten Verb oder werden an den Infinitiv angehängt.

I pronomi diretti con il passato prossimo – Die direkten Objektpronomen in Verbindung mit dem *passato prossimo*

Verwendet man ein direktes Objektpronomen in Verbindung mit dem *passato prossimo* muss man das Partizip mit dem Pronomen übereinstimmen:
Ho comprato il libro. – L'ho comprato.
Ho comprato la maglietta. – L'ho comprata.
Ho comprato i libri. – Li ho comprati.
Ho comprato le magliette. – Le ho comprate.

I pronomi tonici – Die betonten Pronomen

me	noi
te	voi
lui/lei/Lei	loro

Betonte Pronomen stehen immer **nach** dem Verb.

Die betonten Pronomen dienen dazu, eine Person besonders hervorzuheben:

unbetont: *Ti ho invitato. (Ich habe dich eingeladen.)*

betont: *Ho invitato te e non lui. (Ich habe **dich** eingeladen und nicht ihn.)*

Betonte Pronomen stehen auch nach Präpositionen:

Stasera esco con te.

I pronomi relativi che e cui
Die Relativpronomen *che* und *cui*

Che verwendet man für den 1. Fall (der, die, das) und für den 4. Fall (den):

Questo è il ragazzo che si chiama Roberto. (Das ist der Junge der Robert heißt.)

Questa è il ragazzo che amo. (Das ist der Junge den ich liebe.)

Cui verwendet man vor Präpositionen:

Questa è la ragazza di cui parlo. (Das ist das Mädchen von dem ich spreche.)

Anstatt *in cui* kann man meist auch **dove** verwenden:

È la casa in cui abita. = È la casa dove abita.

Einige wichtige Verben, die bestimmte Präpositionen verlangen:

telefonare a qn	jemanden anrufen
parlare di qn/qc	über jemanden/etwas sprechen
parlare a qn	mit jemandem sprechen
essere innamorato di qn	in jemanden verliebt sein
dare qc a qn	jemandem etwas geben
scrivere qc a qn	jemandem etwas schreiben
consigliare qc a qn	jemandem etwas empfehlen
avere voglia di	Lust haben auf
avere bisogno di	etwas brauchen
divertirsi con qn	sich amüsieren mit
uscire con qn	mit jemandem ausgehen
regalare qc a qn	jemandem etwas schenken
dire qc a qn	jemandem etwas sagen
offrire qc a qn	jemandem etwas anbieten

La comparazione dell'aggettivo
Vergleich und Steigerung des Adjektivs

Im Italienischen bildet man die Steigerung des Adjektivs mit *più* bzw. *meno*:

più grande – größer

meno grande – kleiner

Il comparativo – Der Komparativ

Der Vergleich (1. Steigerungsstufe) wird gebildet mit *più/meno + aggettivo + di/che:*

Maria è più/meno grande di Carlo.

Di verwendet man vor:

- Hauptwörtern
- Namen
- Pronomen
- Zahlwörtern

Di verschmilzt natürlich gegebenenfalls mit dem bestimmten Artikel:

Il mio libro è più noioso del tuo.

Vor allen anderen Wortarten (Adjektive, Verben,…) verwendet man *che.*

Genauso…wie drückt man im Italienischen mit *tanto…quanto* oder *così…come* aus:

Maria è così bella come Claudia.

Giulia è tanto intelligente quanto Daniele.

Mehr/weniger am Satzende werden mit *di più/di meno* übersetzt:

Queste scarpe mi piacciono di più. – Diese Schuhe gefallen mir mehr.

Attenzione!

Adjektive werden immer mit dem Hauptwort bzw. dem Subjekt im Satz übereingestimmt, also auch bei der Steigerung:

La mia casa è più bella della tua.

Il superlativo relativo – Der relative Superlativ

Der relative Superlativ (2. Steigerungsstufe) wird gebildet mit dem Komparativ und dem bestimmten Artikel. Es gibt zwei Möglichkeiten der Satzbildung:

Maria è la ragazza più bella di tutta la classe.

(Artikel + Hauptwort + *più/meno* + Adjektiv)

oder

Maria è la più bella ragazza di tutta la classe.

(Arikel + *più/meno* + Adjektiv + Hauptwort)

Il superlativo assoluto – Der absolute Superlativ

Den absoluten Superlativ bildet man durch anhängen von **–issimo** an das Adjektiv, der Endvokal fällt dabei weg:

felice – felicissimo

bello – bellissimo

Bezieht sich der absolute Superlativ auf ein Hauptwort wird er in Zahl und Geschlecht übereingestimmt:

una ragazza felicissima

due case grandissime

Den absoluten Superlativ verwendet man meist dann, wenn ein Adjektiv durch **molto** verstärkt wird:

La ragazza è molto bella. – La ragazza è bellissima.

Unregelmäßige Formen

Folgende Adjektive bilden unregelmäßige Steigerungsformen:

	comparativo	superlativo relativo	superlativo assoluto
buono	migliore	il migliore	ottimo/buonissimo
cattivo	peggiore	il peggiore	pessimo/cattivissimo
grande	maggiore	il maggiore	massimo/grandissimo
piccolo	minore	il minore	minimo/piccolissimo
alto	superiore	il superiore	supremo/altissimo
basso	inferiore	l'inferiore	infimo/bassissimo

Le preposizioni
Die Präpositionen

Le preposizioni articolate

In Verbindung mit einem bestimmten Artikel verschmelzen die Präpositionen zu folgenden Formen:

	+ il	+ lo	+ l'	+ i	+ gli	+ la	+ le
a	al	allo	all'	ai	agli	alla	alle
di	del	dello	dell'	dei	degli	della	delle
in	nel	nello	nell'	nei	negli	nella	nelle
su	sul	sullo	sull'	sui	sugli	sulla	sulle
da	dal	dallo	dall'	dai	dagli	dalla	dalle

Ortsangaben

a + Städte	a Firenze, a Napoli
in + Länder	in Italia, in Austria
da + Personen	da Marco, dal dentista
a (ohne Artikel)	a casa, a scuola, a letto, a teatro
a (mit Artikel)	al bar, al ristorante, al mare, al cinema, al supermercato, alla stazione, alla fermata, all'estero, all'università, all'ospedale, allo zoo, al lavoro, alla festa, all'aeroporto
in (ohne Artikel)	in discoteca, in città, in centro, in banca, in palestra, in piscina, in biblioteca, in piazza, in ufficio, in montagna, in campagna, in vacanza, in un negozio, in camera mia, in bagno
in (mit Artikel)	bei männlichen Ländern/Regionen: nel Veneto

	bei Ländern/Regionen im Plural: negli Stati Uniti wenn das Hauptwort näher bestimmt ist: nella camera di Roberto, nel centro commerciale
su (mit Artikel)	sul tavolo, sulla sedia

Weitere Ortspräpositionen

a destra (di)	rechts (von)
a sinistra (di)	links (von)
accanto a	neben
di fronte a	gegenüber
dietro (a)	hinter
davanti a	vor
fino a	bis
lontano da	weit von
in fondo a	am Ende von
in mezzo a	in der Mitte von
tra/fra	zwischen
vicino a	nahe bei
a tre chilometri da	drei Kilometer von

Zeitangaben

a (mit Artikel)	all'una, alle cinque, alle tre e mezza
a (ohne Artikel)	a mezzanotte, a mezzogiorno, a Natale, a Pasque
di	di mattina, di pomeriggio, di sera, di notte
in (ohne Artikel)	in primavera, in estate, in autunno, in inverno, in gennaio, in febbraio,...
in (mit Artikel)	nel 2006
da...a... (von...bis...)	dalle due alle quattro

	da lunedì a mercoledì (Montag bis Mittwoch)
	dal lunedì al mercoledì (montags bis mittwochs)
	da marzo a settembre
	dal 2006 al 2009
a (bis)	a domani, a presto, a più tardi
da (seit)	Vivo in Italia da tre anni.
fa (vor)	Sono andata a Roma una settimana fa. (fa steht immer am Satzende)
tra/fra (in, zwischen)	Andiamo in vacanza tra/fra due giorni. Gli ospiti arrivano fra le due o le tre.
per (für)	Resto a Roma solo per una notte.

Datum, Tage

venerdì	am Freitag
il venderì	freitags (jeden Freitag)
il primo maggio, il due settembre,…	1. des Monats mit Ordnungszahl

Herkunft

di + Städte (ohne Artikel)	Sono di Napoli.

Zugehörigkeit, Besitz

di	Questo è il libro di Mario.

Verkehrsmittel

in	in aereo, in treno, in macchina, in moto Aber: a piedi

Sprachen

in (ohne Artikel)	in tedesco, in francese, in italiano
in (mit Artikel) wenn Sprache näher bestimmt ist	nell'italiano parlato

Zweck

da	un bicchiere da vino (ein Weinglas) Aber: un bicchiere die vino (ein Glas Wein)

Material

di	di lana, di cuoio

qualcosa di + Adjektiv	qualcosa di interessante
niente di + Adjektiv	niente di particolare
qualcosa da + Verb	qualcosa da leggere
niente da + Verb	niente da mangiare

con (mit)	Vado al concerto con Marco.
senza (ohne)	Prendo un caffè senza latte.
per (für)	Quei fiori sono per mia madre.

Verben mit Präpositionen (+ Infinitiv)

andare a	gehen andare a fare la spesa, andare a lavorare
giocare a	spielen giocare a tennis, giocare a calcio

avere voglia di (+ Infinitiv)	Lust haben zu
avere bisogno di (+ Infinitiv)	etwas brauchen

Ohne Präposition

preferire	Preferisco andare al cinema.
essere + Adjektiv + Verb	È noioso andare all'opera.

di + Mengenangaben	una bottiglia di, un chilo di, un litro di

La negazione
Die Verneinung

Im Italienischen bildet man die Verneinung mit **non**.

Non steht immer vor dem konjugierten Verb:

Non vado al cinema oggi.

Steht das konjugierte Verb in Verbindung mit einem unbestimmten
Objektpronomen steht *non* vor dem Pronomen: *Non lo mangio.*

Im Italienischen gibt es auch die doppelte Verneinung.:

non...niente	(nichts):	Non dici niente.
non...mai	(nie):	Non vado mai al cinema.
non...nessuno	(niemand):	Non conosce nessuno.
non...più	(nicht mehr):	Non fumo più.
non...ancora	(noch nicht):	Non ho ancora fatto i compiti.
non...neanche	(auch nicht):	Non viene neanche la zia.
non...nemmeno	(nicht einmal):	Non mi ha nemmeno ringraziato.
non...né...né	(weder noch):	Non bevo né birra né vino.

Wenn **nessuno, niente, mai** oder **neanche** am Satzanfang stehen entfällt das *non*:

Nessuno mangia la pizza.

Niente è successo.

Neanche mi saluti?

I pronomi interrogativi
Die Fragewörter

Che (cosa)?	Was?
Chi?	Wer?
Quale?/Quali?	Welche(r)?
Quanto?	Wieviel?
Quanti/Quante?	Wieviele?
Dove?	Wo?
Quando?	Wann?
Di dove?	Woher?
Perché?	Warum?

Entscheidungsfragen (Fragen ohne Fragewort) können mit ja oder nein beantwortet werden:

Abiti a Milano? – No.

Vai a casa? – Sì.

Ergänzungsfragen (Fragen mit Fragewort):

Quando torni a casa?

Wenn bei Ergänzungsfragen Subjektpronomen verwendet werden können diese ganz am Anfang oder ganz am Schluss der Frage stehen:

Tu che cosa fai? – Che cosa fai tu?

Das Fragewort *chi* steht häufig in Verbindung mit Präpositionen:

Con chi esci? – Mit wem gehst du aus?

Per chi è la torta? – Für wen ist die Torte?

I numeri
Die Zahlen

1	uno	11	undici	21	ventuno	40	quaranta
2	due	12	dodici	22	ventidue	50	cinquanta
3	tre	13	tredici	23	ventitré	60	sessanta
4	quattro	14	quattordici	24	ventiquattro	70	settanta
5	cinque	15	quindici	25	venticinque	80	ottanta
6	sei	16	sedici	26	ventisei	90	novanta
7	sette	17	diciassette	27	ventisette	100	cento
8	otto	18	diciotto	28	ventotto		
9	nove	19	diciannove	29	ventinove		
10	dieci	20	venti	30	trenta		

Wird *uno* bzw. *otto* an eine Zehnerzahl angehängt so fällt der Endvokal weg:
21 = ventuno, 38 = trentotto, 51 = cinquantuno.

Cento ist unveränderlich.
200 = duecento, 300 = trecento, 101 = centouno, 108 = centootto.

Tausend heißt **mille**. In der Mehrzahl wird *mille* zu **mila**:
1000 = mille, 2000 = duemila, 3000 = tremila.

Millione wird in der Mehrzahl zu *milioni*:
1.000.000 = un milione, 2.000.000 = due milioni.

Gli ordinali – Die Ordnungszahlen

1°	primo	11°	undicesimo
2°	secondo	12°	dodicesimo
3°	terzo	13°	tredicesimo
4°	quarto	14°	quattordicesimo
5°	quinto	15°	quindicesimo
6°	sesto	16°	sedicesimo
7°	settimo	17°	diciassettesimo
8°	ottavo	18°	diciottesimo
9°	nono	19°	diciannovesimo
10°	decimo	20°	ventesimo

Die Ordnungszahlen bis *decimo* sind unregelmäßig.
Ab der Zahl 11 bildet man die Ordnungszahl durch anhängen der Endung **– esimo**.
Der Endvokal der Grundzahl fällt dabei weg: *quindici = quindicesimo.*

Die Ordnungszahlen werden wie Adjektive mit dem Hauptwort übereingestimmt:
la seconda classe.

Ordnungszahlen stehen immer vor dem Hauptwort.

L'ora – Die Uhrzeit

Wie im Deutschen gibt es auch im Italienischen eine offizielle und eine inoffizielle Zeitangabe. Bei den Stunden verwendet man den weiblichen Mehrzahlartikel *le*: *Sono le dieci.*
Bei ein Uhr verwendet man *l'*: *È l'una.*

Bei der offiziellen Zeitangabe werden die Stunden von 0 bis 23 und die Minuten von 1 bis 59 gezählt:
10:24 = Sono le dieci e ventiquattro.
22:37 = Sono le ventidue e trentasette.

Bei der inoffiziellen Zeitangabe werden die Minuten bis 39 dazugezählt.
Ab 40 werden die Minuten von der nächsten vollen Stunde abgezogen:
14:15 = Sono le due e un quarto.
14:30 = Sono le due e mezza.
14: 40 = Sono le tre meno venti.
14:45 = Sono le tre meno un quarto.

12:00 = È mezzogiorno.
00:00 = È mezzanotte.

Einen genauen Zeitpunkt gibt man mit *all'* bzw. *alle* an:
Vengo da te all'una/alle due.

Wenn man einen Zeitraum angeben möchte, also von...bis..., verwendet man die Präpositionen *da...a...* in Verbindung mit dem bestimmten Artikel:
Il negozio è aperto dalle otto alle dodici.

Das deutsche bis heißt im Italienischen *fino alle:*
Lavoro fino alle cinque.

La data – Das Datum

I giorni della settimana – Die Wochentage

lunedì	Montag
martedì	Dienstag
mercoledì	Mittwoch
giovedì	Donnerstag
venerdì	Freitag
sabato	Samstag
domenica	Sonntag

Die Wochentage sind im Italienischen, bis auf *la domenica*, männlich.

Den bestimmten Artikel in Verbindung mit Wochentagen verwendet man nur dann, wenn man ausdrücken will, dass etwas **regelmäßig** geschieht:

Il lunedì vado a giocare a tennis con mia sorella. = Montags gehe ich mit meiner Schwester Tennis spielen. (= jeden Montag).

Zum Vergleich:

Lunedì vado a giocare a tennis con mia sorella. = Am Montag gehe ich mit meiner Schwester Tennis spielen. (= diesen Montag).

I mesi – Die Monate

gennaio	Jänner
febbraio	Februar
marzo	März
aprile	April
maggio	Mai
giugno	Juni
luglio	Juli
agosto	August
settembre	September
ottobre	Oktober

novembre	November
dicembre	Dezember

Le quattro stagioni – Die vier Jahreszeiten

la primavera	Frühling
l'estate	Sommer
l'autunno	Herbst
l'inverno	Winter

Bei Monaten und Jahreszeiten verwendet man die Präposition *in*:
in agosto, in dicembre, in inverno.

Das Datum gibt man im Italienischen, außer beim Ersten des Monats, mit der Grundzahl und dem bestimmten Artikel an:
il due gennaio, il venti febbraio, l'otto settembre.
Che giorno è oggi? – Oggi è il due gennaio.
Aber:
il primo gennaio, il primo dicembre.

Bei der Angabe der Jahreszahl verwendet man die Präposition *in* und den bestimmten Artikel:
(im Jahr) 2011: nel duemilaundici oder nell'anno duemilaundici
(im Jahr) 1990 nel millenovecentonovanta oder nell'anno millenovecentonovanta

Grammatikalische Ausdrücke

Adjektiv	Eigenschaftswort	aggettivo	grande, buono
Adverb	Umstandswort	avverbio	bene, male
Artikel	Geschlechtswort	articolo	il, la
feminin (f)	weiblich	femmine	una pizza buona
Imperativ	Befehlsform	imperativo	Aspetta!
Infinitiv	Nennform	infinito	andare
Komparativ	1. Steigerungsstufe	comparativo	più interessante
maskulin (m)	männlich	maschile	un piccolo uomo
Modalverb		verbo servile	dovere, sapere
Objekt	Satzergänzung	oggetto	Leggo il libro.
Partizip	Mittelwort	participio	andato, letto
Perfekt	Vergangenheit	passato prossimo	ho mangiato
Plural	Mehrzahl	plurale	libri, donne
Possessivpronomen	besitzanzeigendes Fürwort	aggettivo possessivo	la mia casa, il tuo computer
Präposition	Vorwort	preposizione	a Napoli, da Maria
Präsens	Gegenwart	presente	dico, vedi
Pronomen	Fürwort	pronome	lo, li, gli
Reflexives Verb	rückbezügliches Verb	verbo riflessivo	chiamarsi, alzarsi
Relativpronomen	bezügliches Fürwort	pronome relativo	che, cui
Singular	Einzahl	singolare	libro, donna

Subjekt	Satzgegenstand	soggetto	Maria mangia.
Substantiv	Hauptwort	sostantivo	borsa, telefono
Superlativ	2. Steigerungsstufe	superlativo	il più grande uomo
Verb	Zeitwort	verbo	scrivere

www.lernhilfen-sprachen.com
www.lernhilfen-shop.com
Titelbild: Fotolia
ISBN-13: 9783735743909
ISBN-10: 3735743900

Herstellung und Verlag:
BoD - Books on Demand, Norderstedt
ISBN 978-3-7322-3701-2